Le crapaud perché

© 1986, l'école des loisirs, Paris
Loi n° 49.956 du 16 juillet 1949 sur les publications
destinées à la jeunesse : mars 1988
Dépôt légal : décembre 1990
Imprimé en France par Jean Lamour, 54320 Maxéville

Claude Boujon

# Le crapaud perché

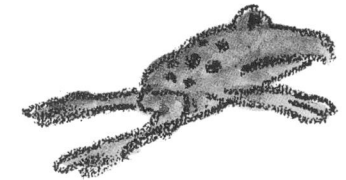

lutin poche de l'école des loisirs
11, rue de Sèvres, Paris 6ᵉ

Il était une fois un crapaud qui aimait tellement lire qu'il aurait pu passer des jours entiers le nez dans un bouquin.

Elle le posait sur sa tête, comme un chapeau, pour l'avoir à portée de la main.

Tandis qu'ainsi perché le crapaud s'ennuyait, la sorcière préparait gaiement sa cuisine maléfique.

«Voici», s'exclamait-elle, «d'appétissants asticots, des araignées superbes, des crottes de bique bien sympathiques. Quelle succulente potion magique je m'en vais mitonner!»

Quand le tout était bien mélangé, juste avant la cuisson, la sorcière ordonnait : « Allez, crapaud, c'est le moment d'ajouter la touche finale : donne-moi ta bave irremplaçable. »

Bien à contrecœur, le crapaud crachait en essayant de ne pas manquer la cuillère.

La sorcière le poursuivit
à travers prés et bois.
A deux doigts d'être rejoint,
le crapaud,
dans un dernier bond...

… plongea dans la mare aux grenouilles. La sorcière jugea inutile de le chercher parmi tout ce qui coassait, bavassait, sautillait et nageait dans la mare.

Elle rentra en maugréant: «Je t'aurai quand même, vieux pustuleux. Je reviendrai demain.»

Elle revint en effet avec un piège de sa fabrication. Un livre que le crapaud n'avait pas encore lu. Elle installa l'appât au bord de la mare.

Et ce qui devait arriver arriva : quand le crapaud aperçut le livre, il bondit dans la boîte. La sorcière lâcha la corde, la boîte se referma sur le pauvre crapaud qui aimait tant les livres.

La sorcière ramena chez elle le crapaud prisonnier…

... et il retrouva sa place habituelle, mais cette fois solidement attaché.

Alors le crapaud se révolta et ne cacha plus qu'il savait aussi parler :

« Au lieu de m'attacher sur votre tête, vous feriez mieux d'être plus attentive à votre travail. De là-haut, je vois que vous vous trompez souvent dans vos recettes magiques. Vous risquez de perdre des clients... »

La sorcière allait lui répondre quand on frappa à la porte.

C'était l'envoyé secret d'un grand personnage du royaume.

Sur les ordres de son maître, il avait acheté à la sorcière une potion destinée à endormir pour mille ans une encombrante princesse.

La porte à peine ouverte, le messager s'écria avec colère: « Regardez un peu la princesse. Depuis qu'elle a bu votre potion, elle n'a jamais été aussi bien réveillée. Vous m'avez trompé sur la marchandise...

«Aïe, aïe, aïe», gémit la sorcière, à moitié assommée, «j'ai dû m'emmêler dans mes formules magiques. Tu as raison, crapaud, je n'ai plus ma mémoire d'antan. Qu'allons-nous devenir?»

«Allons, allons, rien n'est perdu», assura le crapaud…

A force de lire, le crapaud découvrit des formules magiques inédites dont les effets abominables firent la renommée de la sorcière. Désormais c'est elle qui encourageait son vieux compagnon à se plonger dans les livres. Elle lui acheta même des lunettes. Avec l'âge, sa vue commençait à baisser.